Naiem Ahmadinejadfarsangi

C'est un amour fou

AF535247

Naiem Ahmadinejadfarsangi

C'est un amour fou

Éditions Muse

Imprint
Any brand names and product names mentioned in this book are subject to trademark, brand or patent protection and are trademarks or registered trademarks of their respective holders. The use of brand names, product names, common names, trade names, product descriptions etc. even without a particular marking in this work is in no way to be construed to mean that such names may be regarded as unrestricted in respect of trademark and brand protection legislation and could thus be used by anyone.

Cover image: www.ingimage.com

Publisher:
Éditions Muse
is a trademark of
International Book Market Service Ltd., member of OmniScriptum Publishing Group
17 Meldrum Street, Beau Bassin 71504, Mauritius
Printed at: see last page
ISBN: 978-620-2-29239-9

Copyright © Naiem Ahmadinejadfarsangi
Copyright © 2020 International Book Market Service Ltd., member of OmniScriptum Publishing Group

C'est un amour fou

Naiem ahmadinejadfarsangi

Table des matières

première rencontre

Nous nous sommes rencontrés ce jour-là

Nous avons appris à nous connaître

Espérant faire quelque chose

Nous nous sommes rencontrés

Malgré la longue distance qui nous

séparait

Nous avons passé du temps ensemble

De beaux moments de partage et

d'émotions

J'espère qu'une autre réunion aura lieu

D'autres fois

Moments de gravure dans les cœurs

pour toujours

Malgré la distance qui nous séparait

A partir de ce jour, j'ai trouvé mon destin

J'apprécie chaque instant avec toi

Tu es la plus belle rencontre de ma vie

ensemble

Nous faisons notre propre paradis.

La raison du Bonheur

Tu es le rayon de mon soleil

Mon étoile brillante dans le ciel sombre

Le pouvoir qui me donne de l'espoir

La raison de ma résistance

Mon présent et mon futur

Le sang qui nourrit mes veines

Un ange qui me regarde du fond du cœur

Tu es la raison de mon bonheur

Tu es la mélodie de mon doux amour

Rainbow, qui colore ma vie

La douceur de mes jours et de mes nuits

Tu es la seule raison de mon bonheur.

Merci

J'ai senti mon cœur me faire mal

Au revoir encore pendant des jours

Comme avant, plein de tristesse

Merci

J'ai reparlé de l'amour

Voir ton sourire

Au contact de votre âme pure

Merci

Je comprends tous les jours

De beaux moments de vie à nouveau

Je t'aime encore

Merci

En attendant la mort

La mort attend

Il est à mes côtés

Les pages de ma vie

Il tourne

La mort sourit à côté de mon lit

Défie moi

Pour recommencer ma vie

Pour effacer tous les soucis

Murmure de mort à côté de moi

C'est très difficile de commencer

Ils endurent des peines

Si l'âme n'est pas pure

La mort à côté de mon lit est douteuse

Son regard est triste

Devant lui

Personne ne m'aide

La mort pleure dans mon lit

Il regrette ma misère

Mais c'est mon temps

Allez sans bonheur

La mort dit à côté de moi

Je fais mon devoir

Parce que tout est fini pour vous.

Mes nuits lumineuses

Votre image est gravée dans ma mémoire

Je voulais fuir pour te sortir de la vie

Mais partout où je vais, je ne pense qu'à

toi

Et pourtant tu ne sais pas combien je

t'aime ...

Ta démarche très légère me fascine

Tes cheveux longs, soulevés par le vent

Et il met en valeur le charme de vos

épaules

Avec un halo doré d'une autre époque ...

J'adore ton sourire, il illumine ton visage

Et la voix, ta voix qui a secoué mon cœur

Comme une chanson de sirène

Je dois être sage

Permettez-moi de ne pas céder à de

nombreuses gloires

Ton regard a pénétré dans les profondeurs
de mon âme
Tes yeux pleins de lumière ont changé
toute ma vie
J'adore ton beau collier qui satisfait mes
fantasmes
Tes dents brillantes illuminent mes nuits

Sous la pluie

Un jour tu es venu dans mon jardin secret

Sous la pluie de roses, avec des sentiers fleuris

Tu m'as donné une main prudente et un baiser

Mais je me suis réveillé et tu es parti ...

Peut-être qu'un jour tu liras ce poème

Il n'est jamais trop tard pour exprimer vos sentiments

Je voulais juste te dire: je t'aime

Comme un jour, un joli prince pourrait vous le dire.

Le meilleur moment pour aimer

Le meilleur moment pour aimer

Ce n'est pas comme si tu disais: "Je

t'aime".

Il est silencieux

Un silence fragile

Il était ravi

Là où la main tremble

Sur la page, nous tournons

Cependant, nous ne dormons pas

L'horloge unique qui ferme la bouche

Là où le cœur s'ouvre

Très peu comme des roses

Où l'odeur des cheveux seule

Ça me fascine

Montre élégance délicate

Où est le respect des aveux.

L'odeur des roses

Les nœuds ont été cassés. La rose a
disparu
Dans le vent, dans la mer, tout le monde a
péri
Ils cherchaient de l'eau pour ne jamais
revenir

La vague semblait rouge et enflammée

Ce soir, mes vêtements sont encore

trempés ...

Respire le parfum de la mémoire sur moi.

Piment du Japon

J'aimerais voir ta beauté

J'aimerais te voir libre et sourire

Comme cette belle comète

Qui se déplace dans l'espace

D'un endroit à un autre

J'aimerais voir ton visage clair

Comme l'éclair

Dans un ciel sombre

J'aimerais voir ton coeur blanc

Sans peur ni émotion

Comme la couleur de la glace

J'aimerais voir ta beauté

Coloré et émotionnel

Comme la peinture d'Isabelle

J'aimerais voir ton espoir

Blanc et brillant

Comme quelqu'un qui vous fait sortir du couloir

J'aime te voir

Caresse avec mes mains

Votre gentillesse et votre décence

Comme Shirin et Farhad

Je pense que tout est devenu plus clair

Le ciel

Pigeons

La prairie est plus verte

Mes pensées sont plus chaudes

Tu m'as donné ces sentiments

Je ne le savais pas avant

Toutes mes joies de jeunesse

J'ai réalisé comment c'est arrivé

Bonne chance avec mon chéri

Il n'y a pas d'autre beauté dans ce monde

Le rayon d'or du soleil

Tu éclaircis le chemin pour moi

Idéal en tout

Le meilleur du monde

Toi et moi sommes dans la même histoire

Comme Shirin et Farhad!

Tes yeux

Tout pour eux

À tes yeux

Ce qui m'appartenait

Et tout ce destin est pour moi

Tout ce que j'ai perdu

Tout ce qui restait

Ce que je souhaitais

Et ce que j'en ai chanté

Tout pour eux

A vos yeux ...

Je crois en eux

Je leur pardonne tous

Et même si je meurs pour eux

J'écris des hymnes pour eux

Mes poèmes

Amour

C'est toute ma vie

Un cadeau pour eux

A vos yeux ...

Ma vie avec toi

Mes mains te cherchaient la nuit

Mais il n'y a de place pour personne près

de moi

J'attends un peu et me dis

Vous allez pourvoir ce poste

J'ai rêvé toute ma vie d'avoir quelqu'un

comme toi

Et mon souhait est devenu réalité

Je ne peux pas te quitter aujourd'hui

Cela remplit mon cœur de joie

Il a fait de ma vie le paradis

Toute ma vie, ton amour a été gravé en

moi

Et merci pour tout ça

Mères fragiles

Mères fragiles

Je n'y croyais plus

Tu es venu

J'étais très blessé

Je ne voulais plus tomber amoureux

Mais avec ta patience

En ce qui concerne mon silence

Tu as arrangé mes caresses

Tu as planté mon coeur

Pour le bonheur

Aujourd'hui, je ne regrette rien

Je vais continuer avec toi

La vie avec toi est belle

Et ça dure toujours!

Mon bonheur

mon amie

Je dois juste te regarder

Pour moi de rêver

Parce que je te regarde dans les yeux

Et je vois un ciel bleu apparaître

Même les jours de pluie et de tempête

Je t'écoute sans que tu parles

Tes yeux ne peuvent rien me cacher

J'aime ça quand on rit.

Quand nous sommes abandonnés dans nos

délires.

Je ne pense plus à rien avec toi

Sauf pour la chose stupide que nous

faisons le lendemain

Je te connais du fond du coeur

Avec envie de vie

Et c'est ça qui me rend heureux

belle vie

La vie pour une vie

Un coeur pour un coeur

Ressentir un sentiment

Excitation pour excitation

Le monde des mots qui échappent à la vie

Je portais du noir

Parce que c'est ce que je ressens à

l'intérieur

Si seulement tu pouvais me voir

Si seulement tu pouvais venir me voir

Je n'ai pas beaucoup de vie

Mais prenez-le, c'est le vôtre

Voler ou courir?

La vie est belle et dure

Certains abandonnent la vie sans remords

Larmes et respect pour ceux qui acceptent

la mort

Sourions-nous quand la mort nous

submerge?

Sourions mieux quand la mort nous

submerge

Parce que ça rassure nos proches

Peut-être que cela prouve que notre vie

était belle?

Un océan d'amour

Si la nuit était cachée

J'ai grimpé des étoiles aveugles et nues

Pour arriver à un endroit où personne n'a d'opinion

Où tout est possible

Étoiles, fidèles associés de nos émotions

Allumez nos pas

Ta présence fait chanter les anges

O jour! Ne finis pas la nuit

Du miel doux sur mes lèvres

Les princes qui errent en moi

La douce rosée des boutons floraux

De belles fleurs et fleurs, l'odeur d'un

amour naissant

Secrets d'oreillers

Quelques baisers volés

Je serai inspiré par la brise de plage, cette

grande brise

Un océan à aimer ...

Mon trésor

Je suis une feuille dans le vent

Le flux qui va son chemin

Herbe verte de printemps

Pâle du jour

Je fleuris dans ton jardin

Dans les bonbons d'été

Et rosée le matin

Dans un pays abandonné

Et les couleurs d'automne

Gouttes du ciel un jour de pluie

Et une tempête qui résonne

Dans la chaleur de nos nuits

Je suis neige d'hiver

Et l'étoile du berger

Et la froideur de la pierre

Dans des pays lointains

Sans changement, je suis la vie

Heures supplémentaires

Votre soleil de midi

Espace espace

Mais je suis beaucoup plus

Quand je suis dans tes bras

Parce que tu es mon seul trésor

Amour éternel

Dans ton silence

Dans votre non-dit

À ma distance

Nous nous sommes compris

Nous rencontrons

Dans ce chemin indéfini

destin

Nos deux expériences

Nos deux histoires

se perdre

Dans notre espoir

Les deux connectés

Par un sujet invisible

Un esprit mixte

Un amour éternel

yes
I want morebooks!

Buy your books fast and straightforward online - at one of world's fastest growing online book stores! Environmentally sound due to Print-on-Demand technologies.

Buy your books online at
www.morebooks.shop

Achetez vos livres en ligne, vite et bien, sur l'une des librairies en ligne les plus performantes au monde!
En protégeant nos ressources et notre environnement grâce à l'impression à la demande.

La librairie en ligne pour acheter plus vite
www.morebooks.shop

KS OmniScriptum Publishing
Brivibas gatve 197
LV-1039 Riga, Latvia
Telefax: +371 686 204 55

info@omniscriptum.com
www.omniscriptum.com

Printed by Books on Demand GmbH, Norderstedt / Germany